Felisa Tomé Ortega

Un año en el fin del mundo

Ernst Klett Verlag
Stuttgart · Leipzig · Dortmund

Hinweis für Lehrkräfte:
Die Lektüre mit Medien sowie die Lösungen der Übungen und Aufgaben befinden sich im Digitalen Unterrichtsassistenten.

1. Auflage 1 5 4 3 2 1 | 28 27 26 25 24

Alle Drucke dieser Auflage sind unverändert. Die letzte Zahl bezeichnet das Jahr des Druckes.

Autorin: Felisa Tomé Ortega

Entstanden in Zusammenarbeit mit dem Projektteam des Verlages.

Titelbild: Jani Spennhoff, Barcelona
Satz: Satzteam 7, Bondorf
Druck: AZ Druck und Datentechnik GmbH, Kempten/Allgäu

Printed in Germany
ISBN 978-3-12-537499-7

9 783125 374997

Índice

Symbole und Medien

§ 5	Grammatikseiten im Grammatischen Beiheft
(Partner-Symbol)	Partnerarbeit
(Fahnen-Symbol)	Vergleich mit anderen Sprachen und Kulturen
MK	Kennzeichnet Aufgaben zum Thema Medienkompetenz.

Die Inhalte der Mediensammlung kannst du online oder in der App aufrufen:

Medien:

- Audios
- Videos
- interaktive Übungen

So geht's:

1. Auf **schueler.klett.de** registrieren
2. Nutzer-Schlüssel oder QR Code einlösen
3. Digitale Medien online nutzen oder in die **Klett Lernen App** laden

Nutzer-Schlüssel
oM4o-7wiN-fSAM

Los personajes

Christian

Tiene 16 años y es de Alemania. Tuvo problemas en su instituto y ahora va a pasar un año en España en casa de su tía. En ese año va a ir también a un instituto en Vigo, donde vive su tía. Es un poco vago y no le gustan nada los deportes.

Katharina

Es una compañera de clase de Christian en el instituto de Alemania. Christian está muy enamorado de ella.

Victoria

Es la primera alumna que conoce Christian en su nuevo instituto. Es una chica muy simpática y siempre saca buenas notas. No le gustan nada los deportes.

Carmen

Es la mejor amiga de Victoria y están juntas en clase. Es una chica muy buena y le gustan mucho los deportes.

Fabio

Es el novio de Victoria y también estudia en el instituto. Es de Brasil, pero hace mucho tiempo que vive en España.

Roberto
Es un alumno nuevo del instituto. En el instituto antiguo tuvo muchos problemas. Es un chico muy raro y siempre está solo.

Rosa
Es la tía de Christian. Tiene 35 años y es ingeniera. Trabaja mucho y no tiene mucho tiempo libre.

Asun
Es la directora del instituto nuevo y, además, es amiga de la tía de Christian.

El señor Músculos
Es el profesor de Educación Física en el instituto nuevo.

Don Aurelio
Es el profesor de Historia en el instituto nuevo.

Doña Alicia
Es la profesora de Física y Química en el instituto nuevo.

1 Un viaje sorpresa

Aquella mañana Katharina se acercó a mí en la cantina del instituto.

—Christian, —me dijo— tú eres el mejor alumno de español del instituto.

A todo el mundo le gusta escuchar estas cosas, sobre todo si las dice una chica como Katharina, que es la más guapa del instituto. Era la primera vez que hablaba conmigo.

—No es raro —dije un poco tímido—. Mi madre es española y yo voy a un pueblo de Andalucía todos los veranos, a casa de mi tía.

—Ya, pero yo quería hablarte de otra cosa. La próxima semana tenemos un examen de español muy importante.

—Lo sé. ¿Quieres que te ayude a estudiar?

—Bueno, no. Varias personas de mi clase necesitan tu ayuda, pero no para estudiar.

—No entiendo nada, ¿qué personas?

—Pues unas diez personas: Daniel, Uda, Bernhard... Van a suspender en Español y hemos pensado que tú puedes ayudarlos con el examen. Puedes conseguir una cosa.

—¿Qué cosa?

—Pues... dinero. Te dan cien euros si el día del examen les mandas las soluciones.

Conozco bien a esos compañeros. Algunos son buenas personas y son muy simpáticos. En cambio, Bernhard, el novio de Katharina, es muy arrogante y no lo soporto. Sin embargo, decidí hacerlo, y gratis, porque ¡Katharina es tan guapa!

El día del examen, Katharina me mandó una foto con las preguntas. Yo las contesté y mandé una foto a todos con las respuestas. Funcionó, pero demasiado bien y a la profesora de español le pareció muy raro. Había demasiados exámenes perfectos. Por eso decidió repetir el examen al día siguiente. Los compañeros de Katharina suspendieron.

El director del instituto y la profesora empezaron a hacer preguntas. No sé qué han dicho Katharina y los otros, pero ahora el director cree que fue mi idea, que yo robé el examen y lo vendí a los compañeros.

---

2 acercarse a alguien – auf jdn zugehen; **15 unos, -as** – ungefähr; **15 suspender** – durchfallen; **17 conseguir algo** – etw. bekommen; **32 robar** – stehlen

La señora Pérez, mi profesora de español, se enfadó mucho y llamó a mis padres, que se enfadaron mucho más.

—Christian —me dijo mi madre—. ¿Qué vamos a hacer contigo? No podemos seguir así. Tus notas son malas, te peleas con tus compañeros y ahora esto. Papá y yo hemos hablado, este año vas a ir a España con tu tía y vas a estar lejos de tus amigos. Así, vas a tener tiempo para pensar.

No podía creerlo, un año en el país del sol y de las vacaciones: la playa y el Mediterráneo con su agua siempre caliente, ideal para bañarse. ¡Un año en el paraíso sin clases ni instituto! A mi tía le gustan mucho las fiestas y los deportes.

—Estoy de acuerdo, mamá. Necesito un año lejos de Alemania para estar tranquilo y tener tiempo para pensar.

—No he pedido tu opinión y no me interesa, Christian. Ahora mismo voy a llamar a tu tía. Y no me gusta nada esa sonrisa.

Han pasado algunos días, mañana me voy a España. Mis padres todavía están enfadados y casi no me hablan. Ahora estoy haciendo mi equipaje: la maleta y una mochila grande. Pongo mis gafas de sol, mi calzado de playa y mis bañadores... Mi madre me mira desde la puerta. Trae algo en la mano.

—¿Equipaje para unas vacaciones en Andalucía? Creo que las cosas no van a ser como tú piensas. Vas a vivir con tu OTRA tía, mi hermana Rosa, que vive en Galicia, en el noroeste. Allí el clima es un poco diferente, así que no olvides el chubasquero y las botas.

No conozco a mi tía Rosa. No conozco el noroeste.

—Y no olvides esto, —mi madre me da los papeles que lleva— son los documentos para tu nuevo instituto.

Mi madre sonríe. Y no me gusta nada esa sonrisa.

---

45 la sonrisa – das Lächeln; **47 el equipaje** – das Gepäck; **48 el calzado** – die Schuhe; **53 el chubasquero** – der Regenmantel; **53 la bota** – der Stiefel; **55 el papel** – das Papier; **57 sonreír** – lächeln

EJERCICIOS

leer **1** Escribe si las siguientes frases son correctas o no. Corrige las frases que no son correctas.

a) Christian no sabe español.
b) Christian pasa las vacaciones de verano en España.
c) Christian ayuda a algunos compañeros con su examen de español.
d) Los compañeros de Christian están castigados.
e) Christian también está castigado sin vacaciones en España.
f) Christian hace la maleta con ropa de verano.
g) En Galicia siempre hace buen tiempo.

leer **2** Escribe a qué se refieren las frases.

a) En ella metes los libros para el instituto.
b) Lo llevas en los pies.
c) Lo usas cuando llueve.
d) Calzado que llevas en invierno.
e) En el norte de España es diferente al del sur.

leer **3** **Christian experimenta diferentes sentimientos a lo largo del capítulo.**

Relaciona las frases con los emoticonos correspondientes.

a) "Sin embargo, decidí hacerlo, y gratis, porque ¡Katharina es tan guapa!". (l. 23).
b) "Mi madre es medio española y yo voy a un pueblo de Andalucía todos los veranos, a casa de mi tía". (l. 7)
c) "Ahora el director cree que fue mi idea, que yo robé el examen y lo vendí a los compañeros". (l. 30)
d) "No podía creerlo, un año en el país del sol y de las vacaciones". (l. 38)

1

2

3

4

§ 22 **4 En una campaña publicitaria, la comunidad autónoma de Galicia usa estos eslóganes.**

Lee los eslóganes y completa la regla.

> ¡Pasa tus vacaciones en
> **Galicia!**

> ¡No esperes más!
> ¡Prepara tu mochila y visita
> **Galicia!**

> ¡No lo penséis más!
> ¡Perded el miedo y venid a disfrutar de
> **nuestra región!**

> ¡No tengáis miedo del clima!
> Al mal tiempo,
> **buena cara.**

GRAMÁTICA Der verneinte Imperativ

Der verneinte Imperativ (Singular und Plural) wird mit den Formen des ■ gebildet. Objekt- oder Reflexivpronomen stehen nach der Verneinung und ■ dem Imperativ.

No me llames más y no me escribas más mensajes.
No os levantéis tan temprano. Hoy no hay clase.

§ 22 **5 La madre de Christian da algunos consejos a su hijo antes de ir a Galicia.**

I1 Escribe los consejos de la madre de Christian en **imperativo negativo de tú**.

a) no olvidar el billete de avión
b) no llevar solo ropa de verano
c) no usar maletas muy grandes
d) no hacer las maletas en el último momento
e) no pedir que cambie de opinión
f) no ir a la cama tarde la noche antes del viaje

§ 22 **6** Escribe ahora las frases del ejercicio 5 en **imperativo negativo de vosotros**.

2 Mi tía

Todo el día me he acordado mucho de mi madre y de su sonrisa. Llegué al aeropuerto de Santiago con mucha emoción. Era un aeropuerto internacional, pero pequeño. Yo iba con mis sandalias y mi pantalón corto, todo el mundo me miraba. Con mis sandalias y mi pantalón corto tomé el tren a Vigo y todo el mundo me miraba también. Luego pedí un taxi que me llevó a casa de mi tía; por supuesto, el taxista me miraba. Me abrió la puerta una mujer joven que parecía simpática.

—¡Hola! ¿Eres Christian? Soy tu tía Rosa. Lo siento, quería ir a Santiago y esperarte allí, pero no podía salir del trabajo... ¡Vaya! Pareces una sopa.

—Es que llueve muchísimo.

—Bueno, unas sandalias y un pantalón corto no es la mejor ropa para este tiempo.

—Pero es que yo esperaba sol y calor, el famoso sol de España.

—Pues ya ves, aquí normalmente llueve y no hace mucho calor, incluso en agosto. Es el clima atlántico, la España verde. ¿No tienes un chubasquero? Lo vas a necesitar.

—Bueno... Yo llevaba uno en la mochila. Pero me dolía la espalda porque pesaba mucho, por eso me la quité un momento. La dejé en el suelo en la estación de trenes y luego la olvidé.

—¡Vaya! Bueno, tranquilo, ahora llamamos a la estación y pedimos que nos la envíen por correo. Seguro que en unos días tenemos aquí tu mochila. Anda, pasa y toma una toalla.

Cuando estuve más o menos seco, nos sentamos a la mesa para comer, algo que en España se hace muy tarde. Es horrible tener que esperar a las dos y media o a las tres para comer, pero esta vez estaba muy contento, ¡tenía muchísima hambre!

—De primero, una sopa de marisco —dijo la tía Rosa—. El marisco es una comida muy típica en Galicia.

—Tía, yo casi prefiero algo menos complicado, por ejemplo, una pizza.

—Pues no hay nada de eso. Anda, prueba un poco de sopa.

—No, gracias tía, de verdad. ¿Qué hay de segundo plato?

—También una comida muy típica de aquí: pulpo con patatas. ¿Te sientes mal?

—No, no. Es que no tengo hambre, creo que voy a tomar solo el postre.

---

2 acordarse de algo/alguien – an etw./jdn denken; **15 incluso** – sogar; **18 doler** – wehtun; **18 la espalda** – der Rücken; **19 pesar** – wiegen; **22 por correo** – per Post; **23 la toalla** – das Handtuch; **24 seco,-a** – trocken; **24 sentarse** – sich setzen; **28 el marisco** – die Meeresfrüchte; **33 el pulpo** – der Krake

—Bueno, podemos charlar tranquilamente mientras yo como. La sopa está riquísima... ¿Qué tal el viaje? ¿Tuviste algún problema en el aeropuerto?

—No, no. Ninguno. Pero estaba todo mal escrito.

—¡No me digas!

—Pues sí, estaba escrito “saída” y no “salida”; “mulleres” y no “mujeres”...

—¡Ah! Es que aquí en Galicia hay dos lenguas oficiales, el castellano, que también se llama español, y el gallego. Oye, ¿de verdad no quieres un poco de pulpo?

—No, no, de verdad. ¿Y mucha gente habla gallego?

—Aquí casi todo el mundo sabe hablar las dos lenguas. Voy a buscar un poco de queso de postre.

—Este queso está riquísimo, tía.

—Sí, ya veo que no tenías hambre, me vas a dejar sin pan para la cena. Este queso también es típico de Galicia, se llama tetilla. A ti, que hablas muy bien español, no es necesario que te explique por qué se llama así.

Después de comer, fuimos a comprar un chubasquero y a pasear un poco por la ciudad, con paraguas, claro. Durante el paseo, mi tía me habló del instituto donde voy a estudiar a partir del próximo lunes.

Ahora estoy en mi habitación. Estoy muy contento porque en una hora voy con mi tía a una pizzería. Espero que esas pizzas no tengan ni mariscos ni pulpo.

---

36 charlar – sich unterhalten; **38 estar (mal) escrito** – (falsch) geschrieben sein; **40 la salida** – der Ausgang; **42 el gallego** – galicisch; **52 el paraguas** – der Regenschirm

leer **1** Lee el capítulo y pon estas frases en el orden correcto.

a) Come queso.
b) Christian y su tía van a una pizzería.
c) Va en tren a Vigo.
d) Deja su mochila en la estación de trenes.
e) No quiere comer.
f) Llega al aeropuerto de Santiago.
g) Llega a casa de su tía.

leer **2** Mira las fotos y escribe cómo se llaman las comidas.

1 
2 
3 
4 

leer **3** Escribe qué piensa Christian sobre las comidas del ejercicio 2.

escuchar A1 **4** **Christian lee un comentario en gallego en un foro de estudiantes en Galicia.**

Lee y escucha lo que dice el joven y di qué entiendes.

ESTUDIANTES EN GALICIA | FORO | CONTACTO

Ola, son Yago. Son galego, teño dezaseis anos, vivo en A Coruña. Falo galego e español. Encántame quedar cos amigos, escoitar música e ver pelis románticas. No verán gústame ir á praia; nado moito e, dende o ano pasado, tamén fago surf. E a ti, que che gusta facer no teu tempo libre?…

§ 23 **5** Mira los adjetivos y los adverbios correspondientes y explica cómo se forma el adverbio.

antiguo, -a → antiguamente
rápido, -a → rápidamente
actual → actualmente
increíble → increíblemente

GRAMÁTICA Die Adverbien auf -mente

Auch die Adverbien werden wie Adjektive mit ***más*** gesteigert:
Él llegó **tarde**./Él llegó **más tarde** que yo.

Bei den unregelmäßigen Adverbien ***bien*** (Adjektiv ***bueno, -a***) und ***mal*** (Adjektiv ***malo, -a***) sind auch die Steigerungsformen unregelmäßig:
mal → ***peor***, ***bien*** → ***mejor***

§ 23 **6** Compara cómo es en español y cómo se forma el adverbio en otras lenguas que conoces.

§ 23 **7** Completa las frases con el adverbio de uno de los siguientes adjetivos.

especial | amable | necesario, -a | oficial | normal

a) En Galicia hay ■ dos idiomas: el español y el gallego.
b) Para visitar Galicia, no hay que hablar ■ gallego.
c) Los gallegos comen ■ mucho pescado.
d) En Galicia llueve mucho, por eso es una región ■ verde.
e) Rosa recibió a Christian ■.

§ 23 **8 Yago, el vecino de la tía de Christian, habla con Christian.**

12 Elige en cada frase la opción correcta: un adjetivo o un adverbio.

a) Lo primero de todo: no tengas miedo. Vas a pasar unos meses **estupendos / estupendamente** aquí.
b) En Vigo todos hablan muy bien castellano, así que **seguro / seguramente** no vas a tener problemas con el idioma.
c) Después del instituto, **normal / normalmente** hago los deberes.
d) Mi amigo Pedro y yo nos divertimos mucho porque él tiene ideas muy **locas / locamente**.
e) En verano, voy todos los días a la playa. La playa de Alcabre es **tranquila / tranquilamente**.
f) Vigo te va a encantar porque la gente es muy **amable / amablemente**.

3 Nuevo instituto

Llovía. Mi tía y yo fuimos en coche al instituto para conocerlo. Pasaba el tiempo y parecía que la ciudad quedaba detrás de nosotros. Ya no se veían los edificios, solo árboles. Mientras subíamos a una montaña, podíamos ver los tejados de la ciudad debajo.

—Parece que ese instituto está en plena naturaleza —dije porque quería ser amable.

La verdad es que quería decir que el instituto estaba lejos. Muy, muy lejos.

—Bueno. En plena naturaleza, no —dijo mi tía—. Pero tiene grandes zonas verdes. Este está un poco lejos, pero la directora es mi amiga, por eso vas allí.

—¡Claro! ¿Para que te cuente las cosas que hago?

Mi tía rio.

—No, hombre, no seas tonto. Eso suele ser una buena cosa. Si tienes algún problema, puedes hablar con ella.

—Ya. Mis padres me traen al fin del mundo y tú, a un instituto que está en el fin del fin del mundo.

—¿Sabes? En Galicia hay un lugar que se llama Finisterre, significa "fin del mundo".

—¿De verdad? ¡Qué raro!

—Los romanos creían que allí se terminaba el mundo. Un día podemos ir de viaje hasta allí, te va a gustar.

Yo no tenía ganas de conocer Finisterre. Para fin del mundo, aquel instituto era suficiente, aquel instituto aburrido, con buenos chicos aburridos y una directora amiga de mi tía, que iba a hablar de mí con ella cada fin de semana. Pensaba en el año que me esperaba, iba a ser horrible.

—Mira, ya hemos llegado —dijo mi tía—. ¿Pero qué...?

—Oye, tía, ¿esos no son dos coches de policía? Parece que a veces sí que hay algún problema por aquí...

Bajamos del coche y entramos en el instituto. Había mucha gente con caras serias y un silencio raro. Una mujer alta, de pelo gris y bata blanca, vino hacia nosotros.

—¿Quiénes son ustedes y qué quieren?

No era muy amable, no.

—Hemos quedado con la directora, este chico va a empezar las clases el próximo lunes —contestó mi tía.

---

3 quedar detrás – zurückbleiben; **4 subir a algo** – auf etw. hinaufgehen; **4 el tejado** – das Dach; **6 en plena naturaleza** – mitten in der Natur; **13 soler hacer algo** – etw. normalerweise tun; **20 los romanos** – die Römer; **23 suficiente** – genug; **30 la bata** – der Kittel

—Pues viene a mal lugar, como puede ver. Este solía ser un instituto tranquilo, con buenos estudiantes. Pero cuando no hay disciplina y castigos, las cosas no funcionan.

En ese momento salían del instituto dos policías con una mujer morena y baja. Era la directora. La mujer de pelo gris la miró y se marchó rápidamente, muy enfadada.

—¿Qué ha pasado, Asun? —le preguntó mi tía.

—Algo horrible. Esta mañana alguien ha robado los bolsos de varios profesores. No sé cómo ha podido pasar, estaban en la sala de profesores.

—¡Increíble! Seguro que ha sido algún estudiante.

—Eso parece, pero yo todavía no puedo creerlo... —me miró—. ¿Este es tu sobrino?

—Buenos días, señora. Me llamo Christian. Encantado.

—Bienvenido, Christian. Espero que estés bien con nosotros. Estas cosas no son normales, pero la verdad es que, desde que soy directora, suele haber problemas, y algunos importantes. Por ejemplo, hace dos semanas robaron los móviles de muchos estudiantes —parecía muy preocupada—. Pero no hablemos más de estas cosas. Christian, ¿te gustaría ir a algunas clases ya hoy? —me preguntó Asun, la directora.

En verdad, pensé que no me gustaría.

—No es necesario. Empiezo el lunes. Usted tiene ahora otros problemas, no quiero molestar...

Mi tía me miró con ironía.

—Qué amable eres, Christian —dijo mi tía—. Pero creo que es mejor que empieces hoy y conozcas a tus compañeros. Y en España, normalmente, los alumnos hablan de tú a los profesores, así que puedes llamarla Asun.

—Mira —dijo la directora—, yo tengo que hablar con tu tía y con la policía, así que vamos a buscar a alguna persona de tu curso, 4.º B. Mira, por aquí viene una chica de tu clase, se llama Victoria.

---

43 el bolso – die Handtasche; **47 el sobrino** – der Neffe

POLICIA
LOCAL

EJERCICIOS

leer **1** Lee el capítulo y elige la opción correcta.

a) El nuevo instituto de Christian está…
1. cerca de la casa de su tía.
2. lejos de la ciudad.
3. lejos de la naturaleza.

b) Christian va a ese instituto porque…
1. su tía estudió en él.
2. a Christian le gusta la naturaleza.
3. la directora es amiga de su tía.

c) Cuando Christian y su tía llegaron al instituto…
1. había mucha gente y dos coches de policía.
2. todos los alumnos estaban en el recreo.
3. muchos padres estaban esperando a sus hijos en la puerta.

d) La policía estaba allí porque…
1. varios alumnos estaban peleándose.
2. hubo un robo en el instituto.
3. hubo un robo de móviles en el instituto.

e) Los problemas en el instituto empezaron cuando…
1. Asun empezó a ser directora.
2. llegaron algunos alumnos de otro instituto.
3. llegó Christian.

f) Christian…
1. quiere empezar las clases el lunes.
2. no quiere hablar con la directora.
3. quiere empezar las clases hoy.

hablar MK **2** **La tía de Christian habla de un lugar en Galicia: Finisterre.**

Busca en Internet este lugar y escribe dónde se encuentra, qué significa su nombre y por qué se llama así.

4 Nuevos amigos

Víctoria es una chica rubia y delgada, simpática y amable. Tiene unos 16 años.

—Ahora tenemos Educación Física, así que vamos al gimnasio —me dice—. Así que eres nuevo en el instituto, ¿no?

—Sí, vengo de Alemania. Solo llevo unos días en Vigo.

—Pues llegas en mal momento, hoy ha pasado una cosa... Luego te la cuento.

—Ya nos la ha contado la directora, vaya lío. Nunca he visto a la policía en mi instituto en Alemania. Pero háblame un poco de esto, ¿qué tal los profesores?

—En general bien, aunque hay de todo. El profesor de Gallego y la de Lengua Española son simpáticos. Don Aurelio, el profesor de Historia, es buena persona, pero siempre pierde los exámenes y esas cosas. La de Matemáticas no está mal. Luego está el Músculos, el profesor de Educación Física, un poco duro... Y también está doña Alicia, la profesora de Física y Química. Es bastante difícil y nada simpática. Si no quieres problemas con ella, tienes que estudiar muchísimo. Durante su clase, no hables, no mires por la ventana, no te muevas, no respires.

—¡Qué miedo! ¿Tiene el pelo gris, va con bata blanca y lleva gafas?

—¿Cómo lo sabes? —preguntó Victoria, sorprendida.

—Creo que ya la he conocido hoy. Me contó su opinión sobre el instituto. ¿De verdad está tan mal?

—Pues... es normal. Tiene muchas zonas verdes. Además, hay una biblioteca y una cafetería... Te las puedo enseñar en el recreo, si quieres. Aunque si prefieres jugar al fútbol, va a haber partido. Si no llueve, claro.

—¡Uy! No, no. No me gustan nada los deportes.

—A mí tampoco. En cambio mi mejor amiga, Carmen, juega al fútbol, hace escalada, rafting y se tira por tirolina... Es una pasada. Mira, ahí viene ella con Fabio, mi novio. Ven, te los presento. Chicos, este es Christian. Es nuevo en el instituto.

—Hola, Christian, ¿qué tal? —dijo Fabio—. ¿De dónde eres?

—Soy alemán.

—Yo soy brasileño, aunque hace mucho tiempo que vivo en España. Chicos, ¿habéis visto a la policía? Hoy ha pasado una cosa...

—Sí, ya lo sabemos —contestó Victoria.

—Qué lío. Todos piensan que ha sido Roberto, como siempre.

---

8 el lío - das Ducheinander; **10 aunque** - obwohl; **14 duro, -a** - streng; **17 respirar** - atmen; **27 la escalada** - das Klettern; **27 tirarse por tirolina** - Seilrutschen; **27 ser una pasada** - toll sein; **28 presentar a alguien** - jdn. vorstellen

—Roberto es un chico de nuestra clase que llegó este año de otro instituto porque tuvo problemas —me explicó Victoria—. Es un poco raro, no tiene muchos amigos y algunos profesores no quieren que esté aquí. Aunque Carmen cree que es un buen chico.

—Por ahí llega Músculos, ve a hablar con él, Christian —me dijo Fabio—. ¿Comes con nosotros en la cafetería después de las clases?

—Vale. Aunque espero que no haya marisco.

—¡Uy! Seguro que no. No tengas miedo de eso —rio Victoria—. Seguro que hay pasta.

—O arroz —dijo Fabio.

—O pizza. O lentejas —dijo Carmen—. Pero marisco, no.

El profesor de Educación Física era un hombre alto y fuerte, vestido con ropa de deporte verde.

—Chicos, cuando llego a clase quiero ver a todo el mundo corriendo, os lo he dicho muchas veces. Si queréis ser como yo, debéis correr y hacer ejercicio —dijo en voz muy alta.

Fui a presentarme.

—Buenos días. Soy un nuevo estudiante en su clase, señor Músculos.

Todos los compañeros se rieron.

Me han gustado mis nuevos amigos, son simpáticos. No me han gustado los horarios locos de los españoles. Tampoco los nombres raros que los estudiantes usan con algunos profesores. Eso puede traer problemas...

---

46 las lentejas – die Linsen; **50 deber hacer algo** – etw. tun müssen;
50 hacer ejercicio – practicar deporte

leer **1** Lee el capítulo y contesta las preguntas.

a) ¿Cómo son los profesores del instituto nuevo?
b) ¿Por qué conoce Christian a la profesora de Física y Química?
c) ¿Cómo es Carmen?
d) ¿Quién es Roberto?
e) ¿Por qué se rieron los compañeros de Christian cuando habló con el profesor de Educación Física?

leer **2** Escribe a qué persona se refiere cada frase.

a) Es el novio de Victoria.
b) Es la amiga de Carmen.
c) Es un alumno muy raro.
d) Es la directora del instituto.
e) Es el profesor de Educación Física.
f) No es una profesora simpática.

§ 24 **3** **Christian cuenta cómo es un día en Galicia.**

Sustituye las palabras entre paréntesis por un pronombre de objeto directo o de objeto indirecto.

Hoy cuento **(a vosotros)** cómo es un día en Galicia. Pues empiezo **(el día)** con un buen desayuno en casa de mi tía. Después de desayunar, preparo mi mochila rápidamente. Mi tía no entiende por qué no preparo **(mi mochila)** el día anterior. Voy al instituto y allí veo a mis amigos. Cuando termina el instituto, digo adiós **(a mis amigos)** y me voy a casa. Como y hago los deberes. Después tengo un poco de tiempo para hablar con mi madre y contar **(a mi madre)** cómo estoy. Después de la cena, mi tía y yo vemos una serie. Vemos **(la serie)** a veces en español y a veces en gallego.

GRAMÁTICA **Direktes und indirektes Objektpronomen**

Nach dem direkten Objekt(-pronomen) fragt man mit „Wen?" oder „Was?", nach dem indirekten Objekt(-pronomen) mit „Wem?".

Pronombres de objeto directo		Pronombres de objeto indirecto	
me **te** **lo/la** **nos** **os** **los/las**	Yo **lo** busco. Tú **la** llevas.	**me** **te** **le** **nos** **os** **les**	Yo **le** explico algo. Tú **me** escribes un mensaje.

§ 24 V1 Erklärvideo **4** Lee las siguientes frases y explica el orden de colocación (*Stellung*) de los **pronombres de objeto directo** y **objeto indirecto**.

a) Mira, ahí viene Carmen con Fabio, mi novio. Ven, **te los** presento.
b) Hoy ha pasado una cosa horrible. **Nos la** ha contado la directora.

§ 24 **5** Mira ahora los pronombres de estas frases. Di a qué palabras se refieren.

a) Hoy ha pasado una cosa. Luego **te la** cuento.
b) Tiene muchas zonas verdes. Además, hay una biblioteca y una cafetería. **Te las** puedo enseñar en el recreo, si quieres.

§ 24 I3 **6** Transforma las siguientes frases. Para ello, encuentra el objeto directo y el indirecto de las frases y sustitúyelos por los pronombres correspondientes.

a) Victoria enseña el instituto a Christian.
b) La directora cuenta una cosa a Christian y a su tía.
c) Christian, ¡di tu nombre al profesor de Educación Física!
d) El señor Músculos está explicando algo importante a sus alumnos.
e) Victoria da su opinión sobre el instituto a Christian.
f) Christian quiere preguntar muchas dudas a Victoria.

GRAMÁTICA **Die Stellung von zwei Objektpronomen**

Ella explica el viaje a sus amigos. Ella ~~les~~ **se lo** explica.

Da **las gafas a María**.
Dá**selas**.

Quiero regalar **un libro a Ana**.
Quiero regalár**selo**.
Se lo quiero regalar.

Estoy comprando **un móvil a Juan**.
Estoy comprándo**selo**.
Se lo estoy comprando.

5 Un día inolvidable

Durante mi primera semana en el instituto nuevo, hicimos una excursión a Cangas. Tuvimos suerte y por la mañana hacía sol e incluso bastante calor para septiembre. Fuimos al puerto, donde teníamos que tomar el barco. Éramos muchos, unos cincuenta alumnos, Músculos, la profesora de español y doña Alicia. Todo el mundo estaba de buen humor cuando subimos al barco.

—¿Has ido en barco alguna vez, Christian? —pregunta amablemente la profesora de español.

—Sí, claro. Pero no muchas veces, la verdad.

—Seguro que va a ser un día inolvidable para ti. El viaje es muy agradable y vamos a ver lugares muy bonitos —sonrió.

En el barco había música y empezamos todos a bailar y saltar. Solo Roberto no participó. Estaba solo y en silencio, como siempre. La verdad es que es un chico muy raro.

—¡Mirad! —gritó Carmen—. ¡Delfines!

Los delfines también saltaban en el agua con el sol detrás. Era muy bonito.

—¡Vamos a hacernos una foto con ellos! —dije—. ¡Rápido, antes de que se vayan!

—Espera, no corras tanto —contestó Carmen—. Roberto, por favor, ¿nos haces una foto? ¿Te dejo mi móvil?

—No es necesario que me lo dejes. Tengo esta cámara, me la regalaron mis abuelos.

Roberto nos hizo varias fotos con los delfines detrás y un viento fresco muy agradable que nos movía el pelo. ¡Qué pasada! Las fotos quedaron muy bien, con Fabio, Víctor, Carmen y yo en el barco.

Cuando bajamos del barco, el profesor de Educación Física puso las manos en las caderas. Miré sus músculos y después los míos. El tamaño de los suyos era impresionante. Habló a todos los alumnos como a un ejército.

—Bueno, chicos, esto es una excursión de Educación Física, así que vamos a hacer ejercicio. Primero, vamos a hacer una ruta a pie. Vamos a caminar unos seis kilómetros hasta la playa de Liméns. Allí tenéis media hora para bañaros si queréis, luego una hora con las canoas, luego comemos y, después, volvemos al pueblo. Espero que hayáis traído calzado cómodo.

---

1 inolvidable – unvergesslich; **11 agradable** – angenehm; **13 saltar** – springen; **21 dejar algo a alguien** – jdm. etw. überlassen; **24 fresco, -a** – frisch; **28 la cadera** – die Hüfte; **28 el tamaño** – die Größe; **29 el ejército** – die Armee; **31 caminar** – andar; **33 la canoa** – das Kanu; **34 cómodo, -a** – bequem

La ruta era un camino rural. Fuimos por el campo, pero cerca del mar. Vimos un faro, una iglesia y unas casitas de piedra que se llaman hórreos. Al otro lado del mar se veía la ciudad de Vigo y después unas islas.

—Son las islas Cíes. ¡Qué bonito! —dijo Víctor.

Sí, muy bonito. Pero yo llevaba mis zapatos nuevos y pronto empezaron a dolerme los pies. Además, no había desayunado y tenía hambre. Llegamos a la playa, preciosa, con arena fina y aguas transparentes. Hacía bastante calor. Yo solo podía pensar en bañarme en aquella agua fresca. Me quité los zapatos y la ropa, y corrí hacia el agua. El mar estaba cada vez más cerca. Ya tenía los pies en el agua cuando empecé a escuchar unos gritos detrás de mí:

—¡No, no! ¡Para! ¡Christian! ¡Las fanecas!

Miré hacia atrás, eran Carmen y Fabio.

—¿Las qué?— pregunté—. ¿Las fa...AAAAAAyyyy! ¡Aúúú!

Y esta fue nuestra excursión. Verdaderamente, un día inolvidable.

35 el campo – das Feld; **36 el faro** – der Leuchtturm; **36 la iglesia** – die Kirche;
36 la piedra – der Stein; **36 el hórreo** – *traditioneller Getreidespeicher in Nordspanien;*
45 la faneca – das Petermännchen (Fisch mit giftigen Stacheln)

leer **1** Lee el capítulo y completa las frases.

a) Christian y sus compañeros de clase…
b) Desde el barco, …
c) Cuando llegan a Cangas, Músculos…
d) Durante la ruta, los jóvenes…
e) Cuando llegan a la playa, a Christian…
f) Sin embargo, cuando llega a la orilla, …

leer **2** **Durante la excursión, Christian ve muchas cosas.**

Escribe el nombre de cada una y di qué no ve Christian.

1

2

3

4

5

6

7

8

9

§ 25 **3** Lee estas frases del texto y di a qué objetos o personas se refieren las palabras en **negrita**.

a) "Miré sus músculos y después los **míos**". (línea 28)
b) "El tamaño de **los suyos** era impresionante". (línea 28)

GRAMÁTICA **Die Possessivpronomen und betonten Possessivbegleiter**

Die Possessivpronomen und betonten Possessivbegleiter geben Besitzverhältnisse oder Beziehungen an.

mío, mía, míos, mías	nuestro, nuestra, nuestros, nuestras
tuyo, tuya, tuyos, tuyas	vuestro, vuestra, vuestros, vuestras
suyo, suya, suyos, suyas	suyo, suya, suyos, suyas

§ 25 **4** **Christian y sus amigos recuerdan algunas anécdotas del viaje.**

Completa las frases con la forma adecuada del posesivo (mío, tuyo…) de las palabras entre paréntesis. Piensa si tienes que usar el artículo o no.

a) Fabio se comió unos bocadillos y Victoria se enfadó mucho porque eran ■ (de ella).
b) Lo mejor fue cuando vino el chico con el perro y creía que era ■ (de nosotros).
c) Mi canoa era más vieja que ■ (tu canoa).
d) Me acuerdo de cuando nos encontramos con un vecino ■ (de ti).
e) Tuvisteis mucha suerte con vuestros zapatos. ■ (Mis zapatos) se rompieron muy rápido.
f) ¿Y las mochilas? Chicos, ■ (vuestras mochilas) eran demasiado grandes y pesaban mucho.
g) No te olvides de lo que pasó con nuestros bañadores, Fabio. ■ (Tu bañador) lo perdiste de camino al barco.

§ 25 **5** Traduce las siguientes frases al español.
14

a) Dieses Kanu ist unseres.
b) Eure Handys sind größer als unsere.
c) David und ein Freund von ihm sind in die Kirche gegangen.
d) Wie sind deine Stiefel? Meine sind sehr bequem.
e) Vorsicht, dein Rucksack und meiner sehen sehr ähnlich aus.
f) Das ist dein Rucksack, nicht eures.

6 Música popular

Aquella mañana estuvimos todo el recreo en la cafetería porque llovía mucho.

—Cuando te veo con un bocadillo, me acuerdo de la excursión a Cangas y de tu amiga la gaviota —me dijo Carmen. Todos rieron.

—Soy un gran amante de los animales —contesté—. No quiero que tengan hambre.

—¿Cuánto tiempo tuviste mal el pie por lo de la faneca? —Me preguntó Victoria.

—Pues no sé. Cuando me acuerdo, todavía me duele.

—¡Exagerado! Si ya hace unas cinco semanas... Claro que, gracias a tus problemas en el pie, no haces Educación Física.

—¡Qué mala suerte tuviste! La verdad es que solo unas pocas playas tienen fanecas, y solo cuando hace calor y el agua está baja —dijo Carmen.

—¿Y os acordáis cuando, al final de la excursión, Músculos no encontró su ropa? ¡Qué risas!

Ahí sí que reímos todos. Incluso yo.

—Lo mejor fue cuando tuvo que subir al barco solo con un bañador —recordó Fabio—. Todo el mundo lo miraba. Yo creo que él estaba contento porque pudo enseñar su cuerpo.

Volvimos a reír.

—¿Vosotros creéis que Roberto robó la ropa del Músculos? —preguntó Carmen—. Él dice que no, y yo lo creo.

—Seguro que fue él —contestó Victoria—. ¿Quién pudo hacerlo, si no?

—Pues no sé, pero no hay que pensar mal de alguien así, sin pruebas. Es todo muy raro.

—Los profes están muy enfadados —dijo Fabio—. Dicen que no hay disciplina, que la directora no hace bien su trabajo. Espero que no pasen más cosas raras antes del festival de Samaín, porque si no, no va a haber fiesta.

—¿El festival del Samaín? ¿Qué es eso? —pregunté.

—Pues es una fiesta que se celebra el 31 de octubre.

—¡Ah! ¿Es Halloween?

—Bueno, sí. En el instituto llevamos disfraces. También hay música, juegos... Y este año vamos a decorar el instituto con tumbas.

—¿Conoces la música popular de Galicia, Christian? —preguntó Victoria.

—¡Claro! El flamenco, guitarras... —contesté.

Todos rieron.

---

6 el/la amante – der Liebhaber / die Liebhaberin; **16 ¡Qué risas!** – Das war vielleicht zum Lachen!; **20 el cuerpo** – der Körper; **33 el disfraz** – die Verkleidung; **34 la tumba** – das Grab

—Yo estoy en un grupo de música popular, puedes venir a vernos esta tarde —dijo Victoria—. Tenemos un concierto. Tocamos la gaita, un instrumento muy típico de aquí.

—Buena idea —dijo Fabio—. Yo también voy. Pero llévate tapones para los oídos. Todavía están aprendiendo.

—¡Qué tonto eres! Bueno, entonces ¿cómo nos vestimos este año? ¿Drácula? ¿Frankenstein?

—¿Y si nos vestimos de doña Alicia? ¡Qué miedo! Cinco doñas Alicias caminando por el instituto… —dije yo.

Volvimos a reír.

—¿De qué están hablando ustedes? —dijo una voz muy, muy seria detrás de nosotros.

Entonces no reímos.

---

39 la gaita – der Dudelsack; **41 el tapón para los oídos** – der Ohrstöpsel

1 Lee el capítulo y di si las siguientes frases son correctas o no. Corrige las que no son correctas.

a) Christian no hace Educación Física porque todavía tiene mal el pie.
b) Hay más fanecas en verano.
c) El profesor de Educación Física no pudo volver en el barco.
d) El profesor de Educación Física piensa que tiene un buen cuerpo.
e) En Samaín la gente lleva ropa de deporte.
f) La música popular de Galicia es el flamenco.
g) Fabio cree que el grupo de música de Victoria no toca bien.
h) Doña Alicia escucha a los chicos hablar de ella.

hablar

2 Explica qué es Samaín y di si hay una fiesta similar en tu país y cómo se celebra.

MK

3 **La gaita es un instrumento popular no solo en Galicia.**

Busca en Internet en qué otros países del mundo la gaita es un instrumento popular.

7 Samaín

La fiesta de Samaín empezaba a las once, la hora del recreo, pero algunas personas ya llevaban sus disfraces a primera hora. Nosotros teníamos hasta las once clase de Educación Física. Esta vez Músculos tenía un reto para nosotros.

—Tenéis que encontrar un ojo rojo de plástico —dijo Músculos—. Hay pistas, y cada pista lleva a la siguiente. Hay que hacer equipos de tres alumnos. El equipo que lo encuentre primero, tiene dos puntos en Educación Física.

Todo el mundo empezó a correr de un lado a otro. Mi equipo éramos, Carmen, Victoria y yo. Encontramos las primeras pistas rápidamente, pero la última era un poco rara: "Busca el ojo rojo en un lugar amarillo".

—¿Y en esa casita que hay detrás del campo de fútbol? — pregunté—. Es amarilla.

—¿En el viejo laboratorio? No, no creo — contestó Carmen—. Hace más o menos veinte años que nadie lo usa. Además, creo que siempre está cerrado con llave. Seguro que hay arañas muy gordas y no creo que puedas encontrar ningún ojo.

Carmen estaba pensando.

—Ya sé dónde puede estar. En las clases del último piso, son amarillas —dijo, de pronto.

—¡Vamos! —dijo Victoria, nerviosa.

—Un momento, un momento —dije yo—. No voy a subir todas esas escaleras, prefiero ver el laboratorio.

—Bueno, nosotras subimos. Cuidado con las arañas —dijo Victoria.

—Y con los fantasmas —dijo Victoria—. Estamos en Samaín.

Ellas se fueron hacia el edificio más grande del instituto y yo hacia la casita amarilla. No podía abrir la puerta. Estaba cansado, así que me senté detrás de la casita, donde nadie podía verme, y me dormí. Me desperté porque, de pronto, empezaron a tocar una gaita.

No había nadie en los patios. Pensé que seguramente todo el mundo estaba en la fiesta junto al edificio y que tenía que irme. No quería perderme la fiesta. Pero entonces, ¡sorpresa! La puerta del laboratorio estaba abierta. Me pareció raro y entré. Había varias habitaciones, estaba oscuro y lleno de cosas viejas. De pronto, escuché un ruido en una de las habitaciones y tuve miedo. Pensé en los fantasmas de Victoria, o peor, en una araña enorme, pero

---

4 el reto - die Herausforderung; **7 la pista** - der Hinweis; **16 estar cerrado,-a** - verschlossen sein; **17 la araña** - die Spinne; **24 la escalera** - die Treppe; **26 el fantasma** - das Gespenst; **32 perderse algo** - etw. verpassen; **33 estar abierto,-a** - geöffnet sein; **34 lleno,-a** - voll

tenía que mirar. Anduve muy lento y sin hacer ruido, miré dentro y vi... ¡a doña Alicia! No llevaba su bata, pero era ella, seguro. Estaba poniendo algo en un viejo armario. Ella sí que daba miedo. Salí sin hacer ruido y luego corrí y corrí hacia donde estaban todos en la fiesta.

—¿Dónde estabas? —me preguntó Fabio, con disfraz de vampiro—. Casi está terminando el concurso de disfraces.
—¿Te sientes mal? Estás muy blanco —dijo Victoria, con disfraz de vampira.
—¿Has visto un fantasma? —me dijo Carmen con un disfraz de fantasma.
—Chicos, ahora os cuento todo. ¿Y Roberto?
—No sabemos, pensábamos que estaba contigo.

Todo el mundo lo estaba pasando muy bien cuando, de pronto, llegó la directora.
—Id a los autobuses, chicos —dijo—. Ha pasado algo.

---

47 pasarlo muy bien – einen Riesenspaß haben

EJERCICIOS

leer **1** Lee el capítulo y relaciona las frases.

a) Antes de la fiesta de Samaín, …
b) Los alumnos tienen que…
c) Christian cree que el ojo…
d) Los amigos de Christian buscan…
e) Christian no puede…
f) Christian decide descansar un poco…
g) Cuando se despierta…
h) Christian entra en el laboratorio…

1. en otro lugar.
2. y ve a doña Alicia.
3. la puerta está abierta y escucha un ruido dentro.
4. abrir la puerta del laboratorio.
5. los alumnos tienen que hacer un reto.
6. y se duerme.
7. puede estar en el viejo laboratorio.
8. encontrar un ojo rojo.

escribir **2** Con ayuda de las frases del ejercicio 1, escribe ahora un resumen del capítulo.

ESTRATEGIA **Eine Zusammenfassung schreiben**

Eine Zusammenfassung sollte grundsätzlich im Präsens sein und nicht mehr als ein Drittel des ursprünglichen Textes umfassen.

hablar **3** **Los alumnos tienen que salir del instituto porque ha pasado algo.**

Hablad en parejas. ¿Qué creéis que ha pasado?

EXPRESIONES

So kann ich Vermutungen äußern.

Creo / Pienso que…

No estoy seguro, -a, { pero creo que… / pero creo que ha pasado esto: … }

A lo mejor…
Puede ser que… (+ subjuntivo)

8 Misterio

El dos de noviembre volvimos al instituto. Cuando llegamos, estaba la policía. Había un silencio especial, todo el mundo estaba serio y preocupado.

—¿Qué ha pasado?

—Un nuevo robo. El día de Samaín. Alguien ha robado el dinero de la excursión a Salou en primavera —dijo Carmen.

—¿En serio? ¿Estás segura?

Ella siempre era la primera en saberlo todo.

—Sí, estoy segura. Nos quedamos sin excursión. Y lo peor es que dicen que, después de esto, Asun no puede ser la directora.

—¿Y quién va a ser el nuevo director? —pregunté.

—Seguro que doña Alicia —contestó Victoria.

—¡Qué horrible! ¿Por qué lo piensas?

—Porque ella tiene experiencia. Fue directora hace muchos años, y ahora también quería, pero la mayoría de los profesores eligió a Asun —dijo Fabio.

—Lo peor —dijo Carmen— es que, como siempre, piensan que ha sido Roberto. La policía está hablando con él.

Carmen empezó a llorar. Ahora que lo conocía bien, yo también estaba seguro de que Roberto era inocente. Fui a hablar con Asun.

Dentro había varias personas. Estaban Asun, Músculos, don Aurelio, una policía y Roberto, todos muy serios. Roberto estaba en una silla y miraba al suelo. Asun me dijo que estaban hablando de cosas importantes y que yo no podía estar allí.

—Pero nosotros conocemos bien a Roberto y sabemos que no pudo hacer algo así.

—Lo siento, Christian —dijo Músculos— pero yo vi cómo Roberto estaba en la sala de profesores. De verdad, lo siento mucho por tu amigo. Aquí estaba con buenos chicos, como Carmen y tú. Es una pena.

—¿Todo ese dinero estaba en la sala de profesores? —pregunté, sorprendido.

—Sí, —dijo don Aurelio— es mi culpa. Yo tenía que llevar el dinero al banco, lo dejé un momento en la sala de profesores y luego lo olvidé con todo el lío de la fiesta. Cuando me acordé, a última hora, ya no estaba.

—Christian —dijo Roberto—, yo no he sido. Te lo prometo. Entré en la sala de profesores porque allí estaba la bata blanca de doña Alicia y la necesitaba para hacer mi disfraz. Sé que está mal, porque los estudiantes no debemos entrar en esa sala y tomar las cosas de otra persona, de una profesora, pero era solo una broma.

---

35 no deber hacer algo - etw. nicht tun dürfen; **37 la broma** - der Witz

—Me gustaría creerte, Roberto, pero doña Alicia te vio salir con una bolsa que parecía el dinero—dijo Asun.

—¡Que no!—gritó Roberto.

—Un momento, un momento... ¿El dinero desapareció durante la fiesta y lo vio doña Alicia, que no llevaba su bata blanca?—pregunté.

—Sí, ¿por qué?—respondió Músculos.

—Asun, ¿quién tiene llave del viejo laboratorio?

—Pues... yo. Y doña Alicia tiene otra. ¿Por qué?

—Y doña Alicia quiere ser directora... ¡Ese es el motivo!—dije.

—¿El motivo de qué? Esas no son cosas que interesen a los alumnos, son cosas de mayores—dijo don Aurelio, algo enfadado.

—Vamos al viejo laboratorio, creo que sé dónde puede estar el dinero.

Doña Alicia no sabía dónde estaba su llave. Estaba nerviosa y enfadada, tenía la cara muy blanca. Asun tomó su llave y fuimos todos a la casita amarilla. Abrimos la puerta.

—Está todo muy sucio. Si alguien entra aquí con una bata blanca, todo el mundo va a saber después que estuvo aquí.

Doña Alicia me miró, con la cara más blanca que su bata, los ojos muy abiertos...

—Pero, pero... ¿por qué escucháis a este chico tonto, a este...?

Vimos un viejo armario, que estaba cerrado. Como doña Alicia no tenía la llave, Músculos rompió la puerta. En el armario había muchas cosas: ropa de deporte verde, varios bolsos, muchos móviles y una gran bolsa de plástico llena de dinero.

---

44 la llave – der Schlüssel; **46 el motivo** – der Grund

POLICIA
LOCAL

EJERCICIOS

leer **1** Lee el capítulo y elige la opción correcta.

a) La policía está en el instituto porque…
1. alguien ha robado una cosa en la sala de profesores.
2. han robado el dinero de la fiesta.
3. ha habido un problema con algunos alumnos.

b) Los profesores creen que Roberto ha robado porque…
1. don Aurelio lo ha visto en la sala de profesores.
2. Músculos lo ha visto con el dinero.
3. doña Alicia dice que ha sido él.

c) Christian piensa que doña Alicia dice una mentira porque…
1. conoce bien a Roberto y sabe que no fue él.
2. piensa que doña Alicia es muy rara.
3. sabe que Músculos no dice la verdad.

d) Doña Alicia ha robado el dinero para que…
1. los chicos que no vayan a la excursión.
2. los profesores piensen que Asun no es buena directora.
3. Roberto tenga que irse del instituto.

e) El día de la fiesta, doña Alicia no lleva su bata blanca…
1. para que nadie sepa dónde ha estado.
2. porque Roberto la ha cogido.
3. porque la ha olvidado en los laboratorios.

9 Vacaciones en Galicia

Después de estos meses, el curso ha terminado. Fuimos a Salou en primavera. No me ha ido mal, he sacado muy buenas notas, incluso en Física y Química con una nueva profesora. Mis padres están contentos y sorprendidos porque quiero quedarme en Vigo durante el verano.

Roberto y Carmen llegaron a casa de mi tía.

—¡Hola! ¿Podemos entrar?

—¡Claro! Venid a mi habitación.

—Bueno —me dijo Carmen mientras se sentaba—. Hemos venido a decirte una cosa.

—¿Qué cosa? —pregunté.

—Nos gustaría hacer algo contigo antes de que vuelvas a Alemania en septiembre —dijo Roberto—. Hemos pensado en algo especial. ¿Te gustaría hacer senderismo unos días con Victoria, Fabio y nosotros dos? Caminar, descubrir sitios nuevos, dormir en un albergue o en un camping... ¡Va a ser una experiencia única!

—No sé, no sé. ¿Habéis pensado a dónde podemos ir?

—Pues sí. Mi grupo de música va a hacer una parte del Camino de Santiago y luego continúan hasta Finisterre. Podemos ir con ellos. Solo hay que seguir las conchas, el símbolo de los peregrinos —dice Victoria.

—¿El Camino de quién?

—De Santiago. Fue un apóstol y su tumba está en la Catedral de Santiago.

—Pero entonces, ¿es algo religioso?

—Bueno, los peregrinos hacen el Camino por muchos motivos, no solo por motivos religiosos. ¿De verdad que no conoces el Camino de Santiago? Es la ruta de peregrinación más famosa.

—Pues no... Seguro que hay que llevar una mochila con mucho peso. No sé si esto me gusta.

—¡No! —dice Carmen—. Debe pesar unos seis kilos, no más. Tú piensa que cada etapa es un pequeño reto.

—Bien, pero debemos dejar una cosa clara antes de empezar.

—¿Qué? —preguntó Roberto.

—¿Cuántos kilómetros vamos a hacer al día?

—Pues... pensamos que unos veinte —contestó Roberto—. Quince como mínimo.

---

15 descubrir - entdecken; **15 el albergue** - die Herberge; **20 la concha** - die Muschel; **20 el peregrino / la peregrina** - der Pilger / die Pilgerin; **22 el apóstol** - der Apostel; **27 el peso** - das Gewicht; **33 al día** - pro Tag

—¡Pero eso es mucho! Mejor unos 8 o 10 —sugerí yo.
Roberto y Carmen rieron.
—Vale, vale, tranquilo —dijo Carmen—. Vamos a pasarlo muy bien. Si queremos ir, hablo con mi profesor de música y él nos reserva las camas en los albergues. Además, tenemos que pedir los documentos para recibir la Compostela en Santiago. ¿Qué? ¿Tienes ganas?
—Pues claro que sí —contesté—. Con amigos se llega al fin del mundo, aunque es una pena que tenga que ser a pie.

Cuando Carmen y Roberto se fueron miré mi móvil y entonces... ¡Vaya sorpresa! Tenía un mensaje de Katharina. Ya no estaba con Bernhard y me pidió perdón por aquella historia de los exámenes de español.
Tuve que pensar un momento, porque no sabía qué decir. Pero después escribí:

> Hallo, Katharina, ¿te gustaría conocer el fin del mundo?

---

41 la Compostela – *Beleg, dass man den Jakobsweg geschafft hat.*

leer **1** Lee el capítulo y escribe un resumen.

15 **2** Completa el texto con las palabras de las casillas.

la tumba | la ruta de peregrinación | la concha | el albergue | la Compostela | el peso | el peregrino / la peregrina (2x) | religioso, -a | el apóstol | el chubasquero

Santiago fue uno de los doce ■ de Jesucristo y, según dicen, su cuerpo llegó a lo que es hoy la ciudad de Santiago de Compostela en un barco de piedra y en la catedral podemos visitar su ■. Actualmente, el Camino de Santiago es una de ■ más conocidas en Europa. Las personas que hacen la ruta se llaman ■ y pueden hacer el Camino a pie, en bicicleta o a caballo. Muchos de ellos todavía llevan junto a su mochila una ■, que es un antiguo símbolo de la ciudad de Santiago y de la peregrinación. Algunas personas hacen la ruta por motivos ■ y otras simplemente para disfrutar del paisaje o hacer ejercicio. Los ■ pueden dormir gratis en los ■ y, cuando llegan a Santiago, si han andado más de 100 kilómetros, reciben ■. Si quieres hacer la ruta, te aconsejo que no lleves mucho ■ en tu mochila, solo las cosas necesarias, y que no olvides tu ■ porque, ya sabes, en Galicia llueve mucho ☺.

hablar **3** Hablad en parejas. Explicad qué alojamiento preferís y por qué.

el hotel | el albergue | el camping | la casa rural

ediación escuchar V2 **4** **Estás de vacaciones en Galicia con tu madre y tu padre y queréis pasar un día en Santiago de Compostela. En la oficina de información y turismo os dan información sobre los lugares que podéis visitar. Tu madre y tu padre no entienden nada.**

Mira el vídeo y resúmeles todo lo que explican allí.

Vocabulario

Das ***Vocabulario*** zeigt den Lernwortschatz in der Reihenfolge des Vorkommens in der Lektüre. Die Vokabeln, die kein Lernwortschatz in ***¡Vamos! ¡Adelante! Curso intensivo 2, Unidad 5*** waren, sind mit einem Sternchen * gekennzeichnet.

Symbole und Abkürzungen

col.	coloquial (umgangssprachlich)
[E]	Englisch
[F]	Französisch
[L]	Latein
⚭	Wortfamilie
=	Synonym (ein anderes Wort mit einer ähnlichen Bedeutung, z. B. hell = klar)
↔	Antonym (ein Gegensatz, z. B. sauber ↔ schmutzig)

Kennzeichnung der Verben

-ue-	*o* bzw. *u* wird zu *ue* (z. B. *mover, jugar*)
g-gu	*g* wird zu *gu* (z. B. *llegar*)
-ie-	*e-ie-* Wechsel im Präsens (z. B. *pensar*)
-i-	*e* wird zu *i* (z. B. *pedir*)
irr.	*irregular* (unregelmäßig)

Capítulo 1

todo el mundo — alle; jeder
Todo el mundo quería ver la película porque era muy buena. — Alle wollten den Film sehen, weil er sehr gut war.
[F] tout le monde

unos, -as — ungefähr
El viaje dura unas dos horas. — Die Reise dauert ungefähr zwei Stunden.

conseguir *(gu-g, -i-)* **algo**	etw. bekommen; etw. schaffen; etw. erreichen
¡He conseguido un nueve en Matemáticas!	Ich habe in Mathematik eine 9 bekommen!
repetir *(-i-)* **algo**	etw. wiederholen
Perdón, ¿puede repetirlo?	Entschuldigung, können Sie das wiederholen?
[E] to repeat	
[F] répéter	
[L] repetere	
robar algo a alguien*	etw. jdm stehlen
ideal	ideal
[E] ideal	
[F] idéal, -e	
el paraíso	Paradies
Las playas de Galicia son un paraíso. ¡Me encantan!	Die Strände in Galicien sind paradiesisch schön. Sie gefallen mir sehr!
[E] paradise	
[F] le paradis	
el calzado	die Schuhe; das Schuhwerk
Para esta excursión no necesitas un calzado especial.	Für diesen Ausflug brauchst du keine besonderen Schuhe.
Galicia	Galicien
el clima	das Klima
[E] climate	
[F] le climat	
el chubasquero	der Regenmantel
la bota	der Stiefel
[E] boot	
[F] la botte	
el documento	das Dokument; die (Ausweis)Papiere
No puede trabajar en Alemania porque no tiene los documentos necesarios.	Er kann in Deutschland nicht arbeiten, weil er die erforderlichen Dokumente nicht hat.

Capítulo 2

acordarse *(-ue-)* **de algo/alguien**	sich an etw./jdn erinnern; an etw./jdn denken
Me acuerdo de todo lo que pasó ese día.	Ich erinnere mich an alles, was an dem Tag geschah.
la emoción	die Emotion; die Aufregung
[E] emotion	
[F] l'émotion	
internacional	international
[E] international	
[F] international, -e	
la sopa	die Suppe
[E] soup	
[F] la soupe	
incluso	sogar
atlántico, -a	atlantisch
doler *(-ue-)*	wehtun
Me duelen los pies porque he andado treinta kilómetros hoy.	Mir tun die Füße weh, weil ich heute 30 Kilometer gelaufen bin.
⓪ el dolor	⓪ der Schmerz
[L] dolere	
la espalda	der Rücken
pesar	wiegen
Mi mochila pesa más o menos diez kilos porque llevo muchos libros.	Mein Rucksack wiegt ungefähr 10 Kilo, weil ich viele Bücher dabei habe.
⓪ el peso	⓪ das Gewicht
[F] peser	
por correo (postal)	per Post
Ana me ha mandado unos libros desde Alemania por correo.	Ana hat mir einige Bücher von Deutschland aus per Post geschickt.
seguro que	sicher; sicherlich
Seguro que Alicia no viene a la excursión. No le gusta andar.	Sicher kommt Alicia nicht mit auf dem Ausflug. Sie läuft ja nicht gerne.
más o menos	mehr oder weniger
seco, -a	trocken
El jardín está seco porque no ha llovido.	Der Garten ist trocken, weil es nicht geregnet hat.
[F] sec, sèche	
[L] siccus, -a, -um	
el marisco	die Meeresfrüchte

complicado, -a — kompliziert
Ese problema es muy complicado. — Dieses Problem ist sehr kompliziert.
= difícil — = schwierig
↔ sencillo, -a — ↔ einfach
[E] complicated
[F] compliqué, -e

el pulpo — der Krake
Comimos pulpo con patatas en un restaurante de Vigo. — In einem Restaurant in Vigo haben wir Krake mit Kartoffeln gegessen.

charlar — sich unterhalten; reden

la lengua oficial — die Amtssprache

el gallego — die galicische Sprache

Capítulo 3

subir a algo — auf etw. hinaufgehen
Subí a la montaña para ver mejor la ciudad. — Ich ging auf den Berg, um eine bessere Sicht auf die Stadt zu haben.

el tejado — das Dach
Desde la torre vi los tejados de las casas. — Von dem Turm aus sah ich die Hausdächer.

en plena naturaleza — mitten in der Natur
Vivo en plena naturaleza. No tengo vecinos. — Ich wohne mitten im Grünen. Ich habe keine Nachbarn.

soler *(-ue-)* **hacer algo** — etw. normalerweise tun
En verano suelo ir a España. — Im Sommer fahre ich normalerweise nach Spanien.

cada — jede, -r, -s

la bata* — der Kittel

Capítulo 4

el lío — das Durcheinander

aunque — obwohl; auch wenn
Nosotros vamos ahora a la playa aunque está lloviendo. — Wir gehen jetzt an den Strand, auch wenn es gerade regnet.

la escalada — das Klettern
ⓞ escalar — ⓞ klettern
[F] l'escalade

el rafting — das Rafting (Bootfahren auf einem Wildwasser)

tirarse por tirolina	sich an Seilbahnen durch Baumwipfel ziehen (Abenteuersport)
ser una pasada *(col.)*	toll sein
¡El campamento de verano ha sido una pasada!	Das Ferienlager war vielleicht toll!
deber hacer algo	etw. tun müssen
Debo estudiar más.	Ich muss mehr lernen.
= **tener que hacer algo**	= etw. tun müssen
hacer ejercicio	Sport treiben
Quedo con mi amiga para hacer ejercicio.	Ich treffe mich mit meiner Freundin, um Sport zu treiben.
= **practicar deporte**	= Sport treiben

Capítulo 5

inolvidable	unvergesslich; außergewöhnlich
El viaje fue fantástico e inolvidable.	Die Reise war fantastisch und unvergesslich.
⊂⊃ olvidar	⊂⊃ vergessen
agradable	angenehm
[F] agréable	
dejar algo a alguien	jdm etw. überlassen
regalar algo a alguien	jdm etw. schenken
Voy a regalar un libro a Julio por su cumple.	Ich werde Julio ein Buch zum Geburtstag schenken.
⊂⊃ el regalo	⊂⊃ das Geschenk
fresco, -a	frisch
La noche era fresca, pero no hacía frío.	Die Nacht war frisch, aber es war nicht kalt.
[E] fresh	
[F] frais, fraîche	
el tamaño	die Größe
caminar	zu Fuß gehen; laufen
¿Por qué no vamos en bicicleta? No me gusta caminar.	Warum fahren wir nicht mit dem Rad? Ich gehe ungern zu Fuß.
⊂⊃ el camino	der Weg
la canoa	das Kanu
[E] canoe	
[F] le canoë	
cómodo, -a	bequem
Este pantalón es bastante ancho y muy cómodo.	Diese Hose ist ziemlich weit und sehr bequem.
[L] commodus, -a, -um	

rural	ländlich
[E] rural	
el campo	das Feld
En Galicia hay muchos campos de maíz.	In Galicien gibt es viele Maisfelder.
[F] le champ	
[L] campus	
el faro	der Leuchtturm
[F] le phare	
la iglesia	die Kirche
Mi abuela va a la iglesia todos los domingos.	Meine Großmutter geht jeden Sonntag in die Kirche.
[F] l'église	
el hórreo	*traditioneller Getreidespeicher in Nordspanien*
transparente	durchsichtig; glasklar

Capítulo 6

popular	beliebt; populär
[E] popular	
[F] populaire	
[L] popularis, -e	
el/la amante	der Liebhaber / die Liebhaberin
⚭ el amor	⚭ die Liebe
¡Qué risas!	Das war vielleicht zum Lachen!
⚭ reírse	⚭ lachen
el cuerpo	der (menschliche) Körper
[F] le corps	
[L] corpus	
el festival	das Festival
[E] festival	
el disfraz*	die Verkleidung
la tumba	das Grab
En Andalucía descubrieron tumbas que tienen más de 2500 años.	In Andalusien haben sie Gräber entdeckt, die mehr als 2500 Jahre alt sind.
[F] le tombeau	
el concierto	das Konzert
[E] concert	
la gaita	der Dudelsack

el instrumento — das (Musik)Instrument
La gaita es un instrumento de música típico de Galicia. — Der Dudelsack ist ein typisches galicisches Musikinstrument.
[E] instrument
[L] instrumentum

el tapón para los oídos — der Ohrstöpsel

Capítulo 7

el reto — die Herausforderung

perderse *(-ie-)* **algo** — etw. verpassen
¡Qué vergüenza! Me perdí el cumple de Ana. — Wie peinlich! Ich habe Anas Geburtstag verpasst.
ⓄⓄ perder *(-ie-)* algo — ⓄⓄ etw. verlieren

lleno, -a — voll
La calle está llena de gente. — Die Straße ist voller Menschen.
[F] plein, -e
[L] plenus, -a, -um

pasarlo muy bien — einen Riesenspaß haben
La fiesta fue genial. Lo pasamos muy bien. — Das Fest war toll. Wir hatten einen Riesenspaß.

Capítulo 8

no deber hacer algo — etw. nicht tun dürfen
No debes usar el móvil en clase. — Du darfst das Handy im Unterricht nicht benutzen.

el motivo — der Grund; das Motiv
No tienes ningún motivo para estar enfadada. — Du hast keinen Grund, sauer zu sein.

Capítulo 9

descubrir *(irr.)* **algo** — etw. entdecken
[E] to discover
[F] découvrir

el albergue — die Herberge
Dormimos en un albergue que tenía más de doscientas camas. — Wir schliefen in einer Herberge mit mehr als zweihundert Betten.
[F] l'auberge

el camping — das Campen; der Campingplatz

único, -a	einzigartig
La vista desde esta montaña es única.	Die Aussicht von diesem Berg ist einzigartig.
[L] unique unicus, -a, -um	
el símbolo	das Symbol
[E] symbol	
[F] le symbole	
el peregrino / la peregrina	der Pilger / die Pilgerin
Muchos peregrinos van a Santiago a pie.	Viele Pilger gehen zu Fuß nach Santiago.
el apóstol	der Apostel
[E] apostle	
[F] l'apôtre	
religioso, -a	religiös
[E] religious	
[F] réligieux, -euse	
la ruta de peregrinación	der Pilgerweg
el peso	das Gewicht
Solo llevo ocho kilos de peso en la maleta.	Mein Koffer hat nur ein Gewicht von acht Kilo.
al año / a la semana / al día	pro Jahr/Woche/Tag
como mínimo	mindestens
Lleva como mínimo dos chaquetas al viaje.	Nimm mindestens zwei Jacken mit auf die Reise.
reservar algo	etw. reservieren
[F] réserver	
la Compostela	*Beleg, dass man den Jakobsweg geschafft hat.*

Quellennachweis

jani lunablau, Barcelona, **4.1; 4.2; 4.3; 4.4; 4.5; 5.1; 5.2; 5.3; 5.4; 5.5; 5.6; 8.1; 8.2; 8.3; 8.4; 11.1; 17.1; 24.1; 31.1; 35.1; Cover**; ShutterStock.com RF, New York (arousa), **25.1; 25.2**; ShutterStock.com RF, New York (Away), **29.1**; ShutterStock.com RF, New York (Damsea), **25.9**; ShutterStock.com RF, New York (demidoff), **13.3**; ShutterStock.com RF, New York (Gena Melendrez), **39.2**; ShutterStock.com RF, New York (jessicahyde), **25.7**; ShutterStock.com RF, New York (JJFarq), **18.1**; ShutterStock.com RF, New York (Maksim Denisenko), **13.2**; ShutterStock.com RF, New York (marekuliasz), **25.8**; ShutterStock.com RF, New York (Picture Partners), **13.4**; ShutterStock.com RF, New York (RudiErnst), **25.4**; ShutterStock.com RF, New York (Sigur), **25.5**; ShutterStock.com RF, New York (Svetlana Zhukova), **13.1**; ShutterStock.com RF, New York (Tucapress), **39.1**; ShutterStock.com RF, New York (VH-studio), **13.5**; ShutterStock.com RF, New York (Vipavlenkoff), **25.3**; ShutterStock.com RF, New York (viva-la-vida), **25.6**;